LES TROIS MYSTERES DE L'AMOUR

Auteur : **Joël AMOI**
(00226)75 65 92 93
(00225) 07 08 41 68
Joelamoi@yahoo.fr

Je dédie ce livre à Dieu la source de toutes choses, à ma famille et à toutes les personnes qui de près ou de loin y ont contribué.

Tables des Matières

Avant-Propos

Vivre en couple n'est pas une chose facile et cela demande souvent de nombreux compromis. Dans ce livre nous ne venons pas vous imposer une nouvelle manière de penser, mais par notre approche de l'amour, vous accompagner à chaque étape de votre relation à réussir là où plusieurs ont échoué. Mieux, ce livre vous permettra d'être une meilleure version de vous-même.

INTRODUCTION

Un soir, alors que je descendais du boulot, un grand ami très respecté et estimable m'avais appelé pour qu'on prenne un verre. Nous avons confabulé juste quelques minutes, puis on s'est rendu chez lui pour dîner. Le repas c'est très bien passé, après quoi, il s'est déplacé, nous au salon, son épouse et moi.

Cette dernière qui est aussi mon amie, me demandait si j'avais remarqué l'attitude de son époux ces derniers temps ? j'ai répondu oui ! mais, lui ai-je dit, je pensais que tout cela allait rentrer dans l'ordre.
En effet, elle ne pouvait pas imaginer que la pression du boulot pouvait jouer sur l'attitude de son l'homme. Elle m'a fait savoir que la situation qu'ils vivent en ce moment dépasse ce que je pensais. Alors elle s'est mise à tout m'expliquer.

Je ne vais pas étaler tout ce qu'elle m'a dit. Mais ce que nous pouvons retenir c'est que son homme ne la regardait plus et que l'amour est devenu fade dans leur couple. J'ai eu des larmes aux yeux car étant proche d'eux, je ne voulais pas que l'amour que ces deux personnes magnifiques ont en partage s'arrête. J'ai donc fait un soupir et j'ai commencé sous l'inspiration divine à dérouler les **3 mystères de l'amour.**
Je voyais dans son faciès qu'elle reprenait confiance au fur et à mesure que je parlais. À mon à

atterrissage elle m'a serré fort dans ses bras et m'a dit : merci. Quelques semaines plus tard, il m'appelait pour me demander ce que j'avais pu dire à sa femme.

Je fus effrayé et à lui de me dire qu'il fait à nouveau bon vivre dans son foyer et que, lorsqu'il félicitait sa femme, elle lui a dit que c'est grâce à moi. Il m'a remercié et moi à mon tour j'ai remercié Dieu. Des mois plus tard elle me fit appel pour que je parle à d'autres femmes. Ce que j'ai fait avec beaucoup de plaisir et d'amour. Les retours de ses femmes étaient bien et elles, à leur tour, m'ont recommandé d'en faire un livre et c'est ce que je fais pour permettre à plusieurs autres d'en tirer profit.

Chers tous, je vous invite à la découverte **des 3 mystères de l'amour ;** une approche simple et directe pour vous apporter le meilleur d'abord, en tant que personne et ensuite dans votre couple.
Ce livre n'est pas une poudre de perlimpinpin mais une approche qui a fait ses preuves et pourra vous aider aussi.

Chapitre 1
Le Mystère Joyeux de l'Amour

Parlant du mystère, le mieux serait de s'abstenir de le définir. Puisqu'il s'agit de quelque chose qui, par définition, transcende notre compréhension. Ceux qui ont la chance de le vivre au quotidien ou de l'avoir vécu dans le passé, peuvent vous le dire : la seule chose qui soit absolument vraie, concernant les mystères, c'est qu'ils nous font sortir de l'ordinaire.

Et si on retient comme criterium du mystère le fait qu'il nous fasse sortir de l'ordinaire, on peut qualifier de nombreuses réalités de notre monde comme étant dotées de pouvoirs mystérieux. Parmi ces choses, nous pouvons citer la naissance d'un bébé, le fait qu'il neige dans un pays sahélien, qu'un aveugle se mette à voir subitement, qu'un mort revienne à la vie ou qu'un cœur découvre l'amour… un mystère dans un autre. Oui, puisqu'en lui-même, l'amour est un mystère qui mérite de retenir notre attention à cause de tous les autres mystères qu'il engendre.

Ainsi, comme si ce n'était pas suffisant d'avoir les yeux rivés sur un être cher, d'éprouver une inclination profonde pour lui en notre cœur ; il faut vivre l'extase de cette découverte à un degré de joie jamais présagé. C'est le premier mystère qui découle du mystère d'être amoureux : le mystère joyeux.

Si la langue française n'utilise qu'un seul verbe pour parler d'amour, nous sommes en réalité capables d'exprimer 3 types d'amour bien distincts. Nous prononçons souvent les mots « je t'aime » sans véritablement connaitre la nature des sentiments auxquels nous l'attachons. Oui, il existe 3 types d'amour et 3 façons d'aimer.

L'amour Éros est propre à la rencontre amoureuse car il concerne l'attirance physique. Il est ici question de la libido, du désir ou du plaisir de la chair.

A ce niveau quand on nourrit de l'attachement pour une personne du sexe opposé, on se surprend en pleine crise d'euphorie. On rit tout seul, on sourit à la vie, on chante à la pluie, on enjolive l'avenir, nos nuits changent de couleurs, nous respirons un air nouveau, différent de l'oxygène habituel.

On est comme suspendu entre la vie et la mort, et pour connaitre la suite de cette sensation forte qu'on traverse, on est prêt à basculer dans le monde des morts avec la personne qui est en train de définir un nouveau sens à notre existence. Et quoi qu'il advienne en ces moments précis, on trouvera un moyen de le rationnaliser.

L'emprise que cette joie exerce sur nous ne peut être décrite, elle ne peut qu'être vécue. Notre sens critique est mis en veilleuse, nous ne soupçonnons pas le moindre petit défaut chez l'autre, chacune de ses faiblesses peut revêtir à nos yeux un aspect de force, et toutes les conduites, mêmes blessantes, sont d'office excusées. C'est un moment où on aurait dit que la raison est abolie, les deux êtres sont sous la commande des passions, ils traversent une expérience enchantée basée sur des attentes charnelles.

Mais, toute expérience ayant une fin, ce premier mystère de l'amour va conduire les tourtereaux à d'autres mystères auxquels il n'est pas sûr que leur union survive s'ils n'y sont pas préparés. Car, aussi vrai que la vie est faite de polarités, le mystère joyeux de l'amour implique forcement l'existence d'un mystère douloureux. Comment y faire face ?

Il n'est pas encore le moment de le dire, mais on peut déjà réfléchir à comment s'y préparer. On ne réussit pas une étape de la vie sans l'avoir préparée dans une étape antérieure. C'est comme vouloir réussir à un examen qu'on n'a pas préparé durant l'année scolaire. Pour se préparer à supporter les épreuves du mystère douloureux de l'amour, il faut avoir recours

à certains ingrédients extérieurs durant l'étape du mystère joyeux.
Cela, parce que les éléments internes du mystère joyeux sont essentiellement la passion et les plaisirs charnels. Il faut leur adjoindre des ingrédients para sentimentaux comme le fait d'organiser des activités conjointement, de faire du sport, créer un Business à deux ou décider de se soutenir, à titre professionnel, l'un dans le travail de l'autre. Bref, il faut que d'autres éléments déterminants soient mis en jeu à l'étape du mystère joyeux si on ne veut pas courir le risque de voir l'union se fissurer ou céder carrément sous le poids du prochain mystère qui, lui, est plus marqué par la douleur.

Á l'aspiration de mener des activités ensemble, il faut adjoindre celle d'être personnellement occupé (e). Car, quoi qu'on dise, les activités communes comme le sport, la cuisine, le ménage, la vaisselle, les séances de lecture ou tout autre centre d'intérêt visant à occuper les amoureux ne peut se faire que dans un intervalle de temps relativement limité, quelques heures à peine par jour. D'où l'importance que chacun de son côté soit occupé à piloter un projet, gérer une activité ou exercer un métier qui lui soit propre et envers lequel il a des obligations mais aussi des attentes.

Il arrive malencontreusement et assez souvent, de rencontrer, surtout parmi les jeunes, des couples dont les deux partenaires sont tous socialement oisifs (ils n'ont aucune occupation, aucune responsabilité sociale à leur charge) et professionnellement inactifs (ils ne travaillent ni pour leur propre compte ni pour le compte d'une entreprise quelconque). Ce qui est de nature à les faire hiberner alors même qu'ils savourent le mystère joyeux. Si l'avenir de leur relation pouvait se suffire de cela, il n'y aurait pas de problèmes. Mais la suite de leur relation va les confronter à des situations qui s'accommodent mal à ce mode de vie.

En cas de problème d'argent par exemple, aucun des deux ne peut compter sur l'autre, ce qui va conduire à une défiguration mentale de l'image de départ qu'ils avaient chacun de l'autre. Et d'ailleurs, qui peut aimer un bon à rien pour longtemps ? Généralement on les aime juste le temps de découvrir leur côté de bon à rien et se mettre à reconsidérer ses sentiments.

Il est extrêmement important qu'une personne qui vit une nouvelle relation se mette à faire un travail ou à exercer une activité lucrative, sociale, scolaire... au cas où elle n'en a pas. C'est un élément déterminant, un facteur d'affermissement de la relation à plusieurs niveaux. Que ce soit l'homme ou que ce soit la femme (bien que pour l'homme on puisse présager que cela va de soi), ce n'est pas toujours le cas. Il doit donc veiller à cela et s'y appliquer sérieusement. L'intrigue c'est que s'agissant de la femme, on tolère son inactivité, on trouve qu'elle n'a pas à se démener pour avoir de quoi gagner sa vie tant que son compagnon peut la prendre convenablement en charge. Pourtant, même si son compagnon peut s'en occuper et qu'il ne s'en plaint pas, elle aurait plus d'estime, de respect et de valeur à ses yeux en étant occupée. Il est bien de voir que la personne avec qui on partage ou on veut partager sa vie, son lit et passer ses nuits peut servir à nous rendre la vie meilleure, mais peut elle-même se rendre la vie meilleure.

Beaucoup d'exemples peuvent être évoqués de femmes qui, à leur début, ne menaient pas d'activités rentables, mais qui, sur les conseils de personnes soucieuses de leur bien-être, s'y sont essayées et ont déniché des possibilités et trouver les moyens d'améliorer leur existence leurs conditions de vie.

Ce que nous faisons comme activité pour nous-mêmes, détermine en grande partie l'importance que l'autre nous accorde dans le monde et dans le couple. Les sentiments à eux-seuls, peuvent juste déterminer l'attachement que l'autre a pour nous comparativement à d'autres personnes. Toutefois, notre importance à ses yeux, dépend de ce que nous faisons par nous-mêmes et pour le monde.

Comment savoir si on est au stade du mystère joyeux ?

Il est bien vrai que l'amour est l'une des plus belles choses qui existe, mais il faut recourir à des critères objectifs d'analyse qui permettent d'identifier le stade auquel
on se situe sur l'échelle des mystères.

Parlant du mystère joyeux, il existe un certain nombre d'éléments qui permettent de savoir qu'on le traverse. Parmi ces éléments, on retrouve l'envie d'être tout le temps avec l'être aimé, d'en faire son sujet privilégié de discussion. On aime parler à ses amis de cette personne, leur décrire comment elle est spéciale, leur faire part des égards qu'elle a pour nous et même tout ce qu'on s'est dit lors de notre dernière discussion. Cela, c'est sur un plan multilatéral (dans notre vie en société, chacun peut voir que nous avons fait de cette personne le centre de gravité de nos instants présents.)

Sur le plan bilatéral, c'est-à-dire lorsqu'on se retrouve seul à seul avec l'être aimé, on est séduit par tout ce qui le concerne. Chacun de ses actes, de ses gestes, chaque histoire de sa vie, chaque erreur qu'il commet, la moindre agitation de sa part ; bref même une absurdité de sa part peut mériter d'être acclamée. Il est comme immunisé contre notre blâme, on le place sur un piédestal et rien ni personne n'est à même de l'en faire descendre en ces moments forts du mystère joyeux.

Les ingrédients à ajouter à la relation lors de l'étape du mystère joyeux.

Nous avons vu, plus haut, que l'étape du mystère joyeux de l'amour a comme noyau constitutif l'attirance physique, l'amour éros donc les plaisirs charnels. Mais que la relation, si elle se veut durable, ne peut pas se suffire de ces éléments fragiles et fugaces. Il en découle donc la nécessité d'additionner certains ingrédients de stabilisation. Parmi ces ingrédients, il y a les liens d'amitié ou l'amour phileo, les liens de fraternité, les voyages et le fait d'avoir un couple de référence.

Les liens d'amitié ou l'amour PHILEO

Étant donné qu'on a défini quelques critères au moyen desquels on peut savoir si on est au stade du mystère joyeux, et qu'on a attiré l'attention sur le caractère passager des voluptés qu'il renferme, il faut se pencher sur les outils et stratégies qui permettront de renforcer les liens au-delà du cadre sentimental. Et l'un des meilleurs ingrédients est le lien d'amitié qu'il faut développer corrélativement au lien d'attachement affectueux et se poser comme le meilleur ami, partenaire, camarade et confident de l'autre. En cas de besoin de causerie, de promenade, de sortie ou de partie de loisir, on doit être la première personne vers qui l'autre songera à se tourner. Une amitié trempée dans un amour sincère ne peut que conduire au bonheur. Il faut beaucoup travailler sur cela, c'est important. Au lien d'amitié, il faut rattacher le lien de fraternité.

Le lien de fraternité ou l'amour AGAPAO

La fraternité ne repose pas que sur les liens de sang, elle peut aussi résulter d'une juxtaposition entre deux êtres qui s'est prolongé dans le temps. Lorsqu'on voit en une personne physique, un frère spirituel, il est difficile de le prendre un jour comme ennemi ou de le croire capable de certains agissements nuisibles à notre égard. Sur le terrain de la fraternité, qui est un lien très tenace, il est fréquent que des problèmes surgissent çà et là. Mais, en dépit de tout cela, ce qui peut diviser deux frères ou deux êtres qui se considèrent comme tels, est toujours inferieur et faible en teneur par rapport à ce qui les unit : la fraternité. Il y a tellement d'énergie dans ce concept, tellement de force et de bienveillance que tous les problèmes de ce monde se mettront à genoux devant ceux qu'il lie et qu'il unit. Il importe donc qu'un lien de fraternité soit cultivé entre les deux amants au stade du mystère joyeux ; cela les maintiendra longtemps ensemble et les fera traverser vents et marées.

Au lien de fraternité, il faut raccorder les voyages, ou le fait de changer d'environnement occasionnellement si le besoin se fait sentir.

Les voyages

Voyager aime-t-on dire, c'est se déplacer d'un endroit à un autre, peu importe la distance. Ce qui importe dans un voyage, c'est surtout le déplacement, le fait de changer, ne serait-ce qu'un temps soit peu, d'environnement, ce qui va nous changer les idées et nous rafraîchir l'esprit. Le train-train et les routines exercent une sorte de pression sur nous qui, tôt ou tard font soit qu'on explose, soit qu'on implose. Quand on vit seul, cela est vérifiable, à deux, ça l'est plus. Un couple a souvent besoin de changer de monde, de quitter le foyer traditionnel (pour les mariés) pour expérimenter des destinations nouvelles. De quelles destinations s'agit-il ? les îles Bahamas ? D'assinie ? les Seychelles ? Absolument pas. Il n'est pas nécessaire que le voyage d'un couple se fasse en avion, en bus ni même en voiture. Si les deux n'ont qu'une moto ou un âne comme moyen de locomotion, ils peuvent l'enfourcher pour se rendre à 50 Km pour passer la journée, le week-end ou la semaine dans un village, une ville ou un pays voisin. Dès l'étape du mystère joyeux, il importe que le couple fasse beaucoup de place aux voyages pour les étapes suivantes ; puisqu'il en aura grand besoin. Cela va énormément les aider à se supporter, se tolérer et avancer ensemble.

Un dernier élément important à ajouter sur la liste des ingrédients est le couple de référence ; un couple modèle, qui tient lieu d'exemple pour les deux amoureux et dont ils peuvent se servir de modèle de vie pour se rappeler à l'ordre.

Le couple de référence

Dans son cercle d'amis, son voisinage ou parmi ses collaborateurs de travail ou ses proches parents, chacun peut avoir un couple qu'il respecte à cause de l'harmonie qui y règne. Leur foyer résonne comme un havre de paix et la synergie entre leurs âmes tend vers une symphonie musicale. Ce qui est demandé à ce niveau, c'est que les couples aient le soin de choisir des mentors, des aînés comme guide, qui seront capables de les inspirer, de leur dire certaines vérités à cause de l'autorité qu'ils exercent sur eux. Il n'est pas toujours garanti que les mentors soient en même temps le couple de référence, mais si cela arrive, c'est un plus. Au cas échéant, il faut trouver les deux.

Seulement, là où il faut faire un peu attention, c'est que l'objectif de désignation du couple de référence n'est pas de conduire à une comparaison défavorable ni d'aboutir à une auto-sous-estimation. Loin de là. Le but c'est plutôt de les utiliser comme miroir pour se façonner un style de vie semblable, sinon meilleur au leur.

En cas de dispute par exemple, on peut demander au couple de référence de nous inviter à dîner ou de passer diner chez nous ; histoire de prendre la température de leur mode de vie, de les regarder vivre leur intimité, de s'élever en présence des autres et de se témoigner respect, considération et amour par les actes, les paroles et le comportement. On aura là, suffisamment de raisons pour nous remettre en question et se demander pourquoi on n'est pas comme ça ? A bien y réfléchir, cela conduira normalement à s'améliorer plutôt qu'à s'abaisser en comparaison à eux.

Quelques ingrédients accessoires

En sus des principaux ingrédients centraux que nous avons suggéré, il y a des ingrédients accessoires, pas obligatoires, mais qui peuvent aider à consolider ce qui est le fondement même d'une union : la correspondance mutuelle ; sentir que l'autre nous correspond parfaitement comme il sent qu'on lui correspond parfaitement. Mais, certains de ces ingrédients accessoires doivent être développés sur des terrains quelques fois difficiles à fréquenter ; pourtant il faut surmonter cette difficulté et s'y aventurer, la suite de la relation en récoltera les fruits. Au nombre de ces ingrédients accessoires, on peut citer le fait d'apprendre la danse à deux, le fait de se donner des sobriquets et d'avoir **des amis de références.** Voilà toute la difficulté qu'on attribue à ces ingrédients accessoires, ils obligent à sortir du couple pour se rendre en territoire inconnu.

Les danses de salon

Danser à mon âge ? de surcroît devant un œil extérieur ? Hors de question ! On peut déjà présager la réaction des partenaires de certains couples à l'idée d'aller apprendre la danse ensemble. Pour des raisons d'ordre religieux, social ou familial, ils ont raison de s'opposer à danser à leur âge. Soit, la différence ici, c'est qu'on ne leur demande pas de danser en violation de toutes ces raisons qui leur tiennent à cœur, loin de là. On les invite à apprendre et à pratiquer la danse pour une raison toute particulière : développer l'harmonie, la cohérence et la discipline dans leur couple. Ces trois valeurs sont dans chaque type de danse professionnelle, qu'elle soit faite en couple ou en solo. Remémorez-vous des danses de chorégraphie qu'on faisait au collège lors des kermesses scolaires ; bien qu'elles soient l'œuvre d'élèves amateurs, on sent de l'harmonie dans chaque pas de danse, de la cohérence entre les gestes du danseur et les paroles de la chanson, et enfin de la discipline dans l'enchainement des mouvements. C'est parfait acclame-t-on à la fin. C'est normal parce que c'est un exercice soutenu qui a conduit à la réussite de cette chorégraphie : l'exercice de la danse qui demande beaucoup de rigueur et qui enseigne assez de valeurs.

L'objectif pour lequel les couples, qu'ils soient mariés ou pas, sont invités à apprendre des danses de salon est donc là : c'est un exercice qui leur demande de la rigueur en même temps qu'il leur confère des valeurs. Et il est presque certain que tout couple qui réussit à danser avec harmonie, cohérence et discipline, ne manquera pas de gérer leur relation au rythme de ces trois maître-mots.

On peut prendre l'exemple de beaucoup de danses que les couples peuvent apprendre ensemble comme entre autres le kizoumba. Il n'y a pas de préférence qui vaille, l'important, c'est de se mettre en selle pour danser ne serait-ce qu'au chant matinal des hirondelles…

Les petits sobriquets

Sommes-nous en droit de parler de colonisation linguistique en matière de relation ? Nous oserons le faire. Où avons-nous appris qu'il faut appeler l'être qu'on aime, chéri ? bb ? trésor ou bae ?
Ah cela doit être à la télé ! Y a-t-il un mal au fait d'utiliser ces différentes appellations ? Oui et non !
Non parce que ce n'est pas un mal en soi, mais Oui parce qu'appeler l'être qu'on aime chéri ou bb, c'est le priver du nom spécial qu'on lui réserve dans notre cœur, mais qu'on a substitué par un nom facile, courant et souvent dénué de tout contenu. Or, on devrait faire un effort intellectuel de produire un nom unique en son genre et l'attribuer à la personne qu'on chérit. Ce nom à lui seul, peut permettre au couple d'aller très loin ensemble.

Nous invitons donc les différents partenaires à s'attribuer des petits sobriquets, des petits noms intimes mais remplis de sens, de signification et de références à des situations qu'ils ont vécues ensemble. C'est important parce que les noms communs des amoureux tels que « chéri, bb » et autres ont vite fait de montrer leur limite face à certaines situations de crise. Pourtant, il y a des noms qu'on peut s'attribuer, tailler sur mesure et qui résonne dans nos oreilles comme des rappels à l'ordre, à la raison, à la sagesse et à la retenue.

Prenons l'exemple d'une femme qui appelle son mari : le grand homme de ma vie, mon sauveur du passé, l'espoir de mon avenir ou le détenteur de mon cœur… ces noms ont un impact sur le cœur d'un homme qui est incomparable à celui des mots courants, surtout si elle les lui a attribués à des moments cruciaux de leur vie commune.

L'élévation et la valorisation mutuelles

Dans un couple, il est important que les deux partenaires s'exercent à s'accorder une certaine valeur, à se surestimer l'un l'autre, à s'envoyer des images de grandeur et de respectabilité. Souvent, et c'est surtout le cas des femmes, on trouve des partenaires qui souffrent d'un problème de confiance en soi. Pour ces cas, l'homme par exemple peut aider sa partenaire à corriger ce défaut, en lui confiant des missions qui, pour être accomplies, exigent suffisamment de confiance en soi. Malgré qu'elle soit en carence de confiance personnelle, elle tient à ne pas perdre la valeur qu'elle a aux yeux de son partenaire, ce qui peut l'amener à se surpasser pour être à la hauteur des attentes de celui-ci.

Ça peut aussi jouer dans le cas des hommes. Imaginez un homme qui n'a pas de grandes ambitions pour sa famille, mais à qui sa femme fait comprendre qu'il a de lourdes responsabilités, mais surtout de grandes capacités de les assumer avec brio. Par crainte de décevoir sa compagne, il fera tout pour correspondre à l'image qu'elle s'est faite de lui mais aussi qu'elle lui a donné de lui-même.

Par ce procédé, beaucoup de couples se sont hissés à des degrés élevés d'accomplissement et d'épanouissement.

Il est très recommandé d'observer chacun des ingrédients qui ont été développés plus haut parce que, bien sûr, lorsque le mystère joyeux bat son plein on peut croire que tout va bien. Mais, lorsqu'il prend fin, on va commencer à s'interroger sur ce que demain nous réserve. Bienvenu au mystère douloureux !

CAS PRATIQUE 1

Je suis en couple depuis 5 ans, lorsque nous nous sommes rencontrés tout était chic et bien, jusqu'au moment où tout a commencé à se détériorer.

- Cela a commencé par des manques de communication alors qu'au début de notre relation nous avions toujours quelque chose à nous raconter, ce n'est plus vraiment le cas aujourd'hui.

- **Manque de confiance et de considération :** tous les actes étaient mal interprétés, des paroles déplacées accompagnées d'injures…
- **Jalousie :** si un brin de jalousie ne fait jamais de mal et permet d'attiser un peu les passions et de prouver à l'autre que l'on tient à lui, chez nous c'était un gros problème.
- **Incompatibilité :** alors que durant les premiers moments de notre relation tout semblait se dérouler comme sur des roulettes, finalement les différences sont rapidement arrivées.
- **Le sexe** avec le temps qui passe, est devenu dans notre couple une routine négative au quotidien.
- **L'argent** sans aucun doute l'un des sujets les plus courants de disputes au sein des couples, chez nous était devenu rapidement un problème récurrent et central.
- **Priorités différentes :** je sais très bien qu'il est malheureusement compliqué pour deux personnes d'avancer au même rythme et de vouloir les mêmes choses au même moment. Mais chez nous, c'était la catastrophe.

- **Le temps :** personne n'en avait pour l'autre.
- **Trop d'indépendance :** il est important d'être un couple et d'avoir chacun ses centres

d'intérêt et ses passions, mais chez nous c'était la rupture.

- **Manque d'amour** : les preuves d'amour se font de plus en plus rares dans notre couple déjà en difficulté.

Nous allons vous proposer des solutions à même de vous aider à régler tous ces problèmes de couple afin de voir la vie du bon côté, d'éviter les crises et sauver votre union.

Lisez et relisez toutes les réponses dans le second mystère.

Chapitre 2

Le MYSTERE DOULOUREUX DE L'AMOUR

Rares sont ceux des adultes qui, lorsqu'ils regardent leur album photos de l'enfance, ne regrettent pas d'avoir atteint l'âge adulte, ou regrettent de ne plus pouvoir retourner dans leur berceau ; tellement l'enfance est marquée par l'innocence par rapport à tout ce qui est responsabilité et l'ignorance de tout ce qui est souffrance. Mais, acceptons-le, tout cela appartient à une époque révolue !

A l'âge adulte, rien ne se passe comme durant l'enfance. On traverse des difficultés, on est secoué par les affres de la vie, terrassé par les épreuves de la responsabilité ou culbuté par des problèmes en tous genres au point, souvent, qu'on ne sait où donner de la tête.

Il se produit exactement la même chose sur le terrain de l'amour et de la vie en couple. Les premiers instants sont sans égal en termes de goût, mais les instants d'après peuvent même engendrer du dégoût. Comment est-ce possible ? Diront certains.

Cela est dû, en premier lieu au fait que le degré de passion va forcément baisser dans un des deux cœurs en présence. Et si cela arrive, c'est d'ailleurs sûr que ça arrivera, la personne qui a maintenu la passion au degré de départ, va connaitre beaucoup de difficultés, parce que les choses ne vont plus tourner comme elle le souhaite où le désire. Or, comme nous avons eu à le souligner auparavant, les plaisirs charnels vont montrer leurs limites, et quand cela arrivera, ce qui est le cas au stade du mystère douloureux, la seule chose qui peut les sauver c'est tout ce qu'ils ont pu construire ensemble d'autre que la passion. Autrement dit, s'il n'y avait que la passion et son acolyte les plaisirs charnels qui les liaient, leur union ne survivra pas aux réalités austères du mystère douloureux. Par contre, s'ils ont développé des activités individuelles et collectives ensemble, nourri des liens d'amitié et de fraternité, planifié des séances de sport à deux, programmer de réaliser des projets caritatifs au bénéfice des plus démunis ou encore servir de tremplin l'un pour l'autre dans le but d'aboutir à de meilleurs rendements chacun dans son environnement ; c'est le moment de se concentrer sur ces ingrédients pour ne pas dissoudre le lien.

Certains risquent de croire que l'amour est parti, que la passion est finie, pourtant ce n'est pas le cas, elle a juste pris les avatars de la douleur en changeant de couleur. On sent qu'on n'est plus choyé comme avant, on a même peur de perdre le respect de son conjoint si on analyse son attitude du moment à la lumière de ses agissements de départ. Mais, bien sûr, tout cela ne revient qu'à des idées qu'on se fait, mais à juste titre. Seulement, il ne faut pas en être surpris outre-mesure. Il faut garder son calme et se concentrer à jouer sur les autres facteurs autres que le facteur passionnel.

C'est curieusement à ce stade du mystère douloureux qu'on va découvrir le côté monstrueux de l'être cher qu'on prenait pour un ange parfait. La personne qui nous aveuglait par ses qualités, nous ouvre petit à petit les yeux sur ses défauts. On se rend compte, à ses dépens, que la vie n'est pas un dessin animé. Il faut supporter et continuer.

Et, comme c'est une étape qui est riche en remous, qui excelle en haut et bas, les problèmes naissent automatiquement, se multiplient et se compliquent même. L'attitude convenable face à ces problèmes qui fusent de partout, est de renoncer à toujours avoir raison ou à forcement trouver un coupable parmi les deux partenaires. Non ! Ce n'est pas utile pour le couple. En ces temps difficiles, ce qui est bénéfique pour le couple, ce n'est la raison ou le tort de l'un ou de l'autre, mais une solution rapide à tout problème qui en vient à les opposer. Allons sur le sacro-saint principe du : tu as raison mais je n'ai pas tort !
Encore que, ne pas avoir raison n'est pas un problème si, à chaque fois, un des deux partenaires a raison. On considère le couple dans sa dimension holistique (comme un ensemble compact, uni et indivisible), c'est-à-dire répondant au nom des deux partenaires qui le forment, et non pas l'inverse. Tout ce qui a trait au couple, en bien ou en mal, est

l'affaire de tous les deux éléments du couple. Si donc quelqu'un a raison souvent, ou disons à chaque fois, le couple peut s'en féliciter ; parce qu'il y a du vrai, du raisonnable qui s'y passe. Il ne faut donc pas s'en faire d'être chaque fois fautif face à l'autre, il faut plutôt reconnaitre ses qualités de noblesse et chercher à les cultiver en soi.

Les éléments déterminants au stade du mystère douloureux

L'appellation ''mystère douloureux'', ne tient pas du hasard. Elle a été choisie à juste titre. Cela, d'autant plus que les deux partenaires du couple, à ce stade précis de leur relation, vont tous connaitre la souffrance. Il est vrai que celui qui aime le plus va endurer une dose de souffrance supérieure à l'autre, mais les deux n'en demeurent pas moins marqués par la douleur liée à l'entrée en jeu d'un certain nombre de paramètres et de facteurs déstabilisants. De ce qu'il est recommandé comme moyen de dépassement, nous pouvons évoquer les cadeaux, la tolérance, la méfiance vis-à-vis de la jalousie et le règlement silencieux des discordes, les activités de détente et le fait de s'accorder du temps l'un, l'autre.

Les cadeaux

S'il est vrai qu'on ne vit pas que d'amour et d'eau fraiche, il est d'autant vrai que les cadeaux peuvent permettre de mieux vivre l'amour. Que dis-je ? Les cadeaux permettent même de supporter les affres de l'amour. Au stade du mystère douloureux de l'amour, la douleur se fera tellement grande, les tourments se feront tellement sentir que, se faire quelques cadeaux de temps à autre va contribuer à amortir le choc. En ces moments, il est très conseillé de surprendre l'autre avec des cadeaux auxquels il ne s'y attendait même pas : un téléphone cellulaire de la marque qu'il préfère, un habit chic, un parfum dont il aime beaucoup la senteur, une paire de chaussures ou un ticket de Ciné… chacun en fonction de ses moyens, peut offrir à l'autre des petits cadeaux voire même de grands (pourquoi pas un voyage à Dubaï, une nuit au clair de lune dans le désert, une promenade à Disneyland Paris ou un congé aux îles Seychelles).

L'importance soulignée plus haut de faire une activité, trouve tout son sens à ce niveau. Car, pour faire des cadeaux qui plaisent, qui marquent ou encouragent, il faut une source de revenu certes, mais encore faut-il qu'il soient assez importantes. Les cadeaux aident beaucoup au changement d'humeur et à la patience face au poids de la douleur. Mais comme toute autre chose, les cadeaux aussi ont des limites, ils ne suffiront donc pas. Il faut donc être animé d'un fort esprit de tolérance vis-à-vis de l'autre.

L'esprit de tolérance vis-à-vis de l'autre

C'est au stade douloureux qu'on sera surpris d'être étonné de constater que l'autre peut mal nous parler, mal se comporter envers nous, mal nous traiter ou même, nous ignorer alors qu'on cherche à se faire remarquer. Quelle situation inadmissible, diront certains. Oui, elle est inadmissible pour celui qui n'a aucune tolérance pour la nature humaine. En effet, l'homme est changeant. Il est soumis à des changements permanents, et souvent, cela se traduit dans son comportement vis-à-vis de son propre conjoint(e) pour ne pas dire de toute la société. Il arrive alors, fréquemment qu'on veuille bavarder, sortir ou flirter avec l'autre alors qu'il n'en a pas envie. Face à un tel désintérêt, un tel refus, on a le choix de tout dramatiser ou de simplement tolérer. Ne pas insister par crainte d'offusquer ou de brusquer l'être aimé. Jouer les dictateurs dans le couple au stade du mystère douloureux n'aide pas du tout. La raison est toute simple : il faut un temps (lors du mystère joyeux) où même si on ne demande pas certaines choses on nous les donne et on nous les fait de bon cœur ! Mais, cela est dû au coup de grâce de la passion qui, au stade du mystère douloureux, a connu un certain nombre de tempéraments avec le temps. Il faut donc le comprendre et accompagner l'autre dans ses efforts pour la pérennité du couple.

Oui ! le fait que l'autre soit encore là en soi est réconfortant, soyons tolérants.

La méfiance vis-à-vis de la jalousie

Depuis quand être méfiant est une attitude recommandable ? Eh bien, disons depuis que le stade du mystère douloureux de l'amour est marqué par une sorte de transhumance des partenaires du couple cherchant à fuir la douleur qu'ils ressentent au contact de l'autre. Et comment !!! A ce stade douloureux, l'un des partenaires peut avoir tendance à aller voir ailleurs, à se chercher un nouvel amant, quelqu'un qui peut faire revivre les voluptés du mystère joyeux. Malheureusement, l'autre peut facilement le constater, comprendre que son partenaire joue sur deux, voire plusieurs tableaux et cela aura tendance à le choquer. Ce qu'on recommande ici, à celui qui est victime d'une infidélité liée à la fuite, par son conjoint, des réalités amères du couple, c'est de garder son sang-froid ; car cela passera. Il ne faut prendre aucune décision qu'on pourra regretter sous l'effet de la jalousie. Le fait que le partenaire soit parti voir ailleurs ne veut pas dire qu'il a vidé son cœur de l'amour dont il est habité pour son partenaire.

A son tour, ce qu'il doit comprendre, c'est que la nouvelle expérience amoureuse au travers de laquelle il cherche une sorte de consolation va le conduire à la même désolation. Car, quoi qu'on dise, ce n'est pas une question de personne, c'est une question d'étapes à franchir ensemble. Et, à cela, même le couple de Romeo et Juliette ne font pas exception. Autant donc rester dans son couple et travailler à franchir les étapes la tête haute.

On le sait bien, lorsqu'on nourrit un sentiment de jalousie on peut vite se mettre en désaccord avec l'autre et lui chercher des problèmes là où il n'y a même pas matière à polémiquer. Comme toujours, il y a une recommandation à suivre en cas de pareils soubresauts : opter pour un règlement pacifique.

Le règlement pacifique des incompréhensions
Qui savait qu'une simple formule peut sauver un couple du déluge des discordes interminables ? Apparemment pas trop de personnes. Eh bien, tenez-vous bien ! Le stade douloureux pour avoir tout son sens, doit souvent être le théâtre d'affrontements violents entre les partenaires d'un couple. On ne souhaite pas qu'ils arrivent jusqu'aux coups de poings, mais là n'est pas l'important. Que la discorde soit verbale ou qu'elle conduise aux mains, ce qui importe c'est de ne pas insister sur le fait d'avoir raison et de donner tous les torts à l'autre. Quoi qu'il arrive, quel que soit le noyau du problème, il faut simplement mettre l'accent sur la question : comment le résoudre ? Ce faisant, on passe outre les acteurs en cause, et on aboutit facilement à une solution en or. Autrement, le couple sera engagé sur un combat dangereux où chacun va compter le nombre de fois que l'un a eu tort et le nombre de fois

qu'il a eu raison sans que cela ne lui soit valablement reconnu. Avec ce système de comptabilité inversé, l'un des deux en viendra à encaisser un certain nombre de frustrations qui seront à la limite, insupportables. Et la conséquence en sera qu'il ou elle finira par dire : je n'en peux plus. Je l'ai trop supporté. Ce qui est tout à fait normal dans un couple qui a servi de nid d'accumulation de frustrations au lieu de privilégier la compréhension et se dire à chaque fois : c'est simplement un malentendu. Réglons le cas et avançons.

Les activités de détente

Au niveau du mystère douloureux, pour atténuer les sentiments étranges et les doutes de tous genres qui habitent chacun des partenaires, il importe que ceux-ci conviennent d'un jour où ils sont tous deux disponibles et définissent une liste de tâches à exécuter, de courses à faire ou de missions à réaliser ensemble ne serait-ce qu'une fois par semaine. En fonction de ce qu'ils auront choisi, ils devront s'arranger pour qu'au moins une partie de leurs échanges porte sur le début ou les temps forts de leur relation.

C'est l'occasion de se remémorer ce pour quoi, on a jeté son dévolu sur l'autre alors que plusieurs choix s'offraient à nous. C'est l'occasion de se rappeler que le choix qu'on a fait d'être avec l'autre a été fait pour de bonnes raisons et avec de bonnes intentions ; c'est le moment de se faire des confidences sur la stratégie qui a été définie pour séduire l'autre ou se faire accepter de lui lorsque c'est lui qui nous a séduit en premier… même s'il s'agit de choses qu'on aimerait garder secret pour ne pas être gêné, à ce stade, ça peut aider.

L'intérêt qu'il y a à revenir sur ces détails, ces bons souvenirs, c'est que l'homme oublie vite. Il est doté d'une mémoire phénoménale certes, mais qui est d'une traîtrise réputation. L'homme peut vivre beaucoup de choses, mais les oublier beaucoup de fois. Il lui faut un aide-mémoire ; et dans le couple, ces **séances de thérapie** permettent de se soigner mutuellement, de se guérir l'un l'autre contre le syndrome du ''est-ce que je n'ai pas fait un mauvais choix de partenaire de vie ?''

Il est vivement conseillé, durant ces séances hebdomadaires de thérapie, que les deux conjoints se détendent, qu'ils s'amusent comme des enfants, se conduisent comme s'ils ne traversaient pas de problèmes et se laissent aller à tout type de blague, de réconfort et partage possibles.

S'accorder du temps l'un l'autre

Il y a des maux qu'aucun remède ne peut soigner en dehors du temps. L'amour, l'attention, le soutien, les cadeaux ou tout autre moyen matériel ou psychologique se révèleraient inefficaces devant un mal qui ne se guérit que dans le temps. En même temps qu'il nous englobe et nous porte vers l'avenir, le facteur ''temps'' est un créateur de soulagement, de changement et de renouvellement de soi-même, de ses décisions et de ses problèmes. Au-delà de tous les efforts auxquels nous invitions les couples pour la consolidation de leur union, le plus grand effort qu'ils doivent faire se situe au niveau du fait de s'accorder du temps ! Souvent, on peut croire qu'on fait d'énormes sacrifices, qu'on se donne à fond pour l'autre mais qu'il ou elle semble ne pas prendre cela en compte. Alors, dans ce cas, de deux choses l'une : soit les sacrifices qu'on fait demandent du temps pour produire l'effet souhaité, soit l'autre à besoin de temps pour comptabiliser les sacrifices et en témoigner sa reconnaissance. Voilà pourquoi il est très dangereux de tout mettre sur le compte des actions ou des décisions. Il faut tenir compte du rôle primordial que le temps joue dans l'intégration de ces éléments à notre couple.

Afin de s'exercer à cela, nous conseillons aux couples de se laisser du temps et de s'accorder du temps. En termes clairs, les deux partenaires du couple ne doivent pas être tout le temps l'un sous l'œil de l'autre. Chacun doit passer du temps dans son monde, à gérer ses responsabilités, à réaliser ses projets individuels ; ce qui évite de sentir le poids du conjoint ou de se plaindre de la pression liée à son omniprésence. Une fois que cela est respecté, que chaque partenaire a un temps exclusif qu'il passe en l'absence de l'autre, il faut créer un temps où chacun des deux va quitter son propre monde pour passer du temps dans le monde de leur amour. Cela est obligatoire, d'autant plus que l'amour se vit à deux et que les deux partenaires ne peuvent s'éviter indéfiniment. Il faut se donner du temps individuellement, certes, mais il faut aussi s'accorder du temps mutuellement. Cela permet de faire un ménage formidable dans l'écosystème du couple.

Les signes qui permettent de comprendre qu'on est au stade du mystère douloureux.

Est-il possible dans la vie que les couleurs prennent des propriétés contraires ? Par exemple, que le noir se mette à refléter de la blancheur, que le rouge se mette à tendre vers le bleu ou que le gris arpente les sentiers du violet ? Difficile dirions-nous, avec amusement. Cela est peut-être difficile dans la réalité, en général, mais ça ne l'est pas en amour. Seulement, en amour, ce ne sont pas les couleurs en elles-mêmes qui se remplacent, mais ce sont les saveurs et les sensations qui s'échangent de propriétés. Vous avez bien entendu. Là où l'espoir et la joie règnent en maitre, le désespoir et la tristesse peuvent exercer un règne comparable. Quel drôle jeu de rôle.

Là où nous voulons en venir c'est que, au stade du mystère douloureux et en contradiction d'un principe scientifique établi, les mêmes causes produisent des effets contraires. C'est le cas parce que, le nom de notre partenaire qui nous fait tant rêver peut nous attrister lorsqu'un de nos amis ou proches en vient à le mentionner. Le numéro de téléphone qui, lorsqu'il faisait sonner notre téléphone cellulaire nous rendait impatient de répondre « ouiiiiiiii mi amor ! », est un numéro qui nous effraie lorsqu'il s'affiche sur l'écran. Enfin, pour en finir avec les exemples, les moments inoubliables qu'on a vécu avec la personne, deviennent source de chagrin et de lamentation.

C'est ce que les ivoiriens appellent : « le Goumin » : ou alors le fait de traverser une période amoureuse extrêmement **douloureuse.** Toutefois, cette douleur ne signifie pas que la relation est venue à son terme ni qu'il ne fera plus beau dans le couple comme aux premiers instants ; loin de là. Il faut savoir supporter cette étape, amortir le choc au moyen des différentes recommandations et cheminer à deux vers une destination aux multiples promesses.

**Il ne faut pas se méprendre sur l'appellation :
Mystère douloureux.**

Le terme douloureux, n'est pas utilisé pour effrayer les amoureux ni pour leur faire croire qu'ils vont échouer à rester ensemble, non ! Il ne faut pas trop s'appesantir sur ce mot pour hypertrophier le stade du mystère douloureux de l'amour d'autant plus que c'est une étape normale, comme toute étape de la vie. On s'en sort donc à cette étape comme dans n'importe quelle autre étape. Le tout est de le comprendre et de travailler ensemble à le réussir la tête haute. Bien sûr, après l'hiver, viendra le printemps. Le mystère douloureux de l'amour est donc appelé à faire tôt ou tard place au mystère glorieux pour le bien le plus complet de ceux qui l'ont mérité en ayant surmonté pleins d'écueils qui, en fait, leur servent de transition vers la GLOIRE.

Les transitions vers le mystère glorieux

Lorsque, dans un couple, les chagrins battent leur plein, alors on se questionne beaucoup. On se demande s'il ne faut pas jeter l'éponge, panser ses plaies et aller voir ailleurs.

On a envie de croire qu'on a fait le mauvais choix ou alors, qu'on n'est pas avec la personne qu'il faut ; juste parce qu'on traverse des périodes de transition vers la vérité.

En effet, comme l'a si bien dit un auteur, il est de la responsabilité de Dieu de donner à chaque homme un destin prophétique, mais il est de la responsabilité de l'homme de trouver ce destin. Sur le terrain de l'amour, qu'est-ce que cela signifie ? Ça signifie que Dieu a déjà prévu un mari ou une femme pour chaque homme, cela est de son seul et unique ressort. Mais, il est du ressort de chaque humain, de trouver l'âme sœur en usant de sa propre habileté. Ce serait quand même trop facile que Dieu se mette à configurer les couples simplement en les appelant par leur nom et prénom.

Non ! Il ne saurait en être ainsi. L'Homme doit faire un effort d'analyse et de discernement pour trouver son partenaire de vie. Au milieu des problèmes, des incompréhensions et de toutes les difficultés pouvant être liées à la vie en deux, il est possible à chaque Homme de savoir si oui ou non, il est avec la personne indiquée. On ne peut malheureusement pas le voir avec les yeux physiques du corps, mais on peut le sentir avec le sens intérieur de l'âme. Et quand on sent qu'on a trouvé la personne, celle avec laquelle on veut/voudrait passer le restant de notre vie, il faut juste travailler à être au même diapason qu'elle ou lui.

Et certains se demandent quelle période est la plus propice au mariage ? A quel moment dois-je me lier définitivement à l'autre dans une institution appelée mariage ? A cela, la meilleure réponse, celle qu'il nous est possible de proposer est la suivante : lorsque vous en éprouverez le besoin. Oui, le mariage c'est une question de préparation, de disposition et de décision. Toutefois, au regard des différents mystères évoqués et traités ici, pour la question du mariage, notre conseil sera en faveur de le faire au stade du mystère douloureux. Cela, dans le but exprès que le couple se serve de leur mariage comme facteur d'élévation vers le mystère GLORIEUX.

CAS PRATIQUE 2

Je suis en couple, nous avons vécu de très bons moments au début de notre relation jusqu' à un moment où les choses étaient un peu difficiles mais à force de concessions et de patience, nous avons réussi à nous en sortir et à rester ensemble.

Aujourd'hui tout va bien et même très bien, nous sommes plus complices, nous faisons les choses ensembles, nous sommes tellement tranquilles et heureux d'être ensemble. Mais le seul <u>bémol,</u> c'est que la monotonie s'est installée dans le couple. C'est comme si nous nous sommes laissés surprendre par les choses. Les choses sont tellement monotones que nous avons des envies de voir ailleurs et cela dans tous les sens, envie d'un autre partenaire, d'une autre maison. Bref…

Comme si on avait déjà tout prouvé à l'autre et qu'on avait épuisé toutes nos cartouches…

Sans vous mentir à ce niveau même une brise est considérée comme le vent du renouveau et nous nous laissons emporter quitte à partir mais à revenir après...

Toutes vos réponses et plus encore dans le mystère glorieux.

Chapitre 3
LE MYSTERE GLORIEUX DE L'AMOUR

Par quoi faut-il définir la gloire ? À quoi doit-on l'identifier ?

Nous estimons que, tout comme la joie, toute description de la gloire qui n'est pas le fait d'une expérience personnelle n'en vaut pas la peine. Il ne faut donc pas chercher à définir la gloire ou à l'identifier à un certain nombre d'éléments ; il faut la vivre. Et l'amour est une locomotive, quoique dangereuse, qui permet, comme bien d'autres phénomènes de la vie, de vivre la gloire. Point de raccourci pour celui qui aspire à ce point culminant dans la vie : il faut partir de quelque part, braver des difficultés, surmonter des épreuves et mériter d'être récompensé. Cela se passe dans le sport, dans le cinéma, en politique ou en littérature ; et bien sûr, cela se vit en amour…

La gloire du couple

Le début d'une histoire d'amour (le mystère joyeux) peut être comparé à la phase de décollage d'un avion, marquée par tout l'enchantement, la satisfaction et le sentiment indescriptible qui émane de cette élévation dans les airs, au-dessus de la mer, au milieu du ciel et entouré des nuages et de la splendeur de l'univers.

Le déroulement d'une histoire d'amour peut être comparé à la phase de pilotage de l'avion de son point de décollage à son point d'atterrissage, donc sa destination (mystère douloureux). Durant ce voyage vers une destination de rêve, les deux pilotes de l'avion (l'homme et la femme) seront confrontés à toutes les hostilités de la météo, ils auront souvent quelques pannes techniques, perdront le signal avec la tour de contrôle et même, risqueront de faire un crash parce qu'ils ne sont pas d'accord avec la manière de piloter ou la vitesse de l'engin.

L'affermissement d'une histoire d'amour (mystère glorieux) est comparable à l'atterrissage d'un avion ; l'accomplissement d'une mission, l'atteinte d'une destination lointaine et incertaine. Le couple qui aura fait tout ce long voyage, qui a traversé toutes ces intempéries, braver les péripéties et surmonter toute la pression psychologique jusqu'à l'arrivée, est un couple qui mérite de vivre la gloire liée à cet exploit.

Que faut-il comprendre par la désignation ''mystère glorieux de l'amour ?'' Il faut comprendre que c'est une période de stabilité, où le couple peut dire d'une seule et même voix : on vient de loin, on ne s'arrêtera pas en chemin ! Oui, parce que l'étape du mystère joyeux était une étape d'immaturité au cours de laquelle le couple ne maitrisait rien. L'étape du mystère douloureux est une étape d'adversité au cours de laquelle le couple risque de perdre son homogénéité et cherche le contrôle de son unité. Par contre, on l'a déjà dit, l'étape du mystère glorieux est une tape de stabilité pour le couple qui le place au-dessus de tout ce qui aurait pu le dissoudre en termes de problèmes, de douleur, de mauvais choix et tout à l'avant. Cela, parce que dès l'instant où deux êtres font le choix de se mettre ensemble, des forces s'élèvent contre leur union et travaillent d'arrache-pied pour les séparer. Si malgré les complications qui surviendront du fait de l'action de ces forces, le couple reste quand même uni, alors il devient plus fort que ces forces qui finiront par céder devant la puissance de leur union. Les deux forment une sorte de boule de feu. Et c'est cela qui marque le début de la gloire.

Parvenir au stade du mystère glorieux ne veut pas dire que le couple est immunisé contre toutes les difficultés, qu'il est à l'abri de tous les soucis ; aucunement. cela veut simplement dire que le couple a une meilleure maitrise de ses problèmes et de ses soucis ; qu'il ne risque plus de se dissoudre sous l'effet de leur poids et que, leur impact s'amoindrira considérablement. C'est là, un des avantages phares du mystère glorieux : la stabilité de l'unité du couple. D'ailleurs, il y en a plusieurs.

Les divers avantages liés au mystère glorieux : La prospérité du couple

Le couple qui sera parvenu jusqu'au stade du mystère glorieux, connaitra la prospérité. Les divers crocs-en-jambe qui les ralentissaient au stade du mystère douloureux vont faire place à de nouveaux élans, de nouvelles ouvertures, de nouvelles possibilités, de plus grandes opportunités et beaucoup de facilité. Quand il s'agit du couple, de leurs affaires, de leur travail, de leur carrière, de leur avenir commun etc., tout se met à marcher, comme sur des roulettes. Tout va bien, même si l'un ou l'autre n'est pas parfait. On s'y est fait, et c'est ensemble pour la vie.

Les enfants

Faisons attention à ne pas croire que tout couple qui parvient au stade du mystère glorieux de l'amour est automatiquement gratifié par un ou des enfants. Ce n'est pas le cas. Ce qu'il faut comprendre, c'est surtout que les enfants, à certaines étapes de la vie du couple, peuvent être des inconvénients, parce qu'ils peuvent créer une fissure profonde entre les deux conjoints. C'est généralement ce qui arrive lorsqu'un couple fait un enfant au stade du mystère douloureux. Les tensions qui sévissent dans le couple peuvent être instrumentalisées au moyen de l'enfant par l'un ou l'autre partenaire, ce qui causera immanquablement un préjudice moral. Pour éviter cela, et pour ceux qui ne vont pas voir le temps long, la période propice pour faire des enfants, est la période du mystère glorieux ; parce que l'enfant sera né dans une période où le couple est plus que jamais consolidé. Au lieu de servir d'instrument de censure aux mains d'un des partenaires, il sera l'instrument de consolidation pour les deux.

Tel est le mystère glorieux de l'amour, coloré par ses divers avantages, mais aussi équilibré par des défis de taille.

Les défis de taille du mystère glorieux

La gloire, en toute chose, n'est pas une zone d'exclusivité où les problèmes et les autres réalités de la vie s'effacent ou disparaissent comme par enchantement. À dire vrai, il y a certaines gloires qui sont suivies de chutes violentes, car il y a certaines personnes qui ne sont tombées très bas qu'après être montées très haut. C'est la même chose en amour. Le couple qui est parvenu au stade du mystère glorieux doit se garder de croire que tout est gagné, que rien ne peut plus basculer ou dégénérer ; c'est une erreur à ne commettre dans aucun domaine de la vie. Ceci constitue le premier défi de taille auquel les couples seront confrontés au stade du mystère glorieux. Le deuxième défi de taille est celui de l'entretien du niveau d'attirance, d'amour, de plaisir, de joie et de bien-être dans le couple par un effort soutenu de chacun des partenaires.

Tout n'est pas gagné, tout peut basculer

Face à cette vérité, beaucoup de couples peuvent se mettre à trembler. Comment est-ce possible, se diront-ils ? On vient pourtant de si loin, on a bâti cette union dans la patience et le sacrifice. Là ne réside pas le problème. Le problème tout entier ne se trouve pas dans les efforts réalisés dans le passé, mais il peut survenir des efforts qui seront négligés pour le futur. La gloire ne fera donc pas à la place du couple ce que ce dernier doit faire pour lui-même. En d'autres termes, la construction d'une belle maison bien que difficile et coûteuse, ne veut pas dire que dès que la maison est achevée, ses propriétaires vont l'habiter sans en prendre soin. La maison ne peut pas faire le ménage, la décoration ou l'entretien de ses équipements à la place des propriétaires. Il revient à ceux-ci de l'entretenir pour éviter qu'elle passe d'une belle maison à une maison délabrée, qui manque de confort et d'hygiène. Le couple, au stade du mystère glorieux, fonctionne comme une belle maison qui a coûté cher pour sa construction et qui va continuer de coûter cher pour son entretien. Cela va de soi, et généralement tous ceux qui ont pu consentir de tels sacrifices pour en venir là, acceptent le sacrifice de s'y maintenir. L'important n'est pas de parvenir au mystère glorieux, mais d'y demeurer bienheureux.

L'entretien du niveau de bien-être dans le couple
À la question quand est-ce qu'on va arrêter de s'attirer ? De se plaire ou de séduire ? Beaucoup de personnes ont peur de répondre. Pourtant il le faut. Toute chose ayant une limite certaine dans cette vie, il ne sert à rien de vouloir ignorer cette limite. L'appétence qu'on exerce sur son partenaire de couple, la séduction qui émane de nous pour ébranler ses sentiments et le plaisir qu'il éprouve lorsqu'il nous voit sont des éléments qui perdent de la force sous l'effet du temps. Soudain, on se rend compte que l'autre ne nous séduit plus comme avant, qu'il ne nous attire que peu ou ne nous plait guère. Que faut-il faire face à un tel effondrement des intérêts clés de la vie en couple ?
À cela, nous répondons par ceci : lorsque le corps montre ses limites, il faut utiliser l'âme ; lorsque l'apparence ne donne plus les effets souhaités, il faut user des sens.

Les cinq sens sont en effet des cartes maîtresses qui permettent de continuer de s'attirer, de se séduire et se plaire en permanence. Si on prend par exemple le sens de **l'odorat**, à lui seul, il peut suffire à séduire l'autre chaque fois qu'il nous voit. Et comment ? Par l'utilisation de parfum, d'eau de toilettes ou tout autre encens qui enchante celui qui le hume ou en sent l'odeur. Les amoureux disposent donc d'instruments puissants qui sont les sens et au moyen desquels ils peuvent continuer de se séduire sans forcément passer par leur apparence.

Illustration pratique : comme les plus désagréables. Le nez nous permet d'**analyser notre environnement**. Il agit un peu comme **un système d'alarme** : une odeur de nourriture nous ouvrira l'appétit tandis qu'une odeur de fumée nous préviendra d'un danger.

Utilisez les huiles essentielles car elles ont le pouvoir de s'infiltrer au plus profond de nous et d'évoquer avec précision des moments de notre vie.
Très puissantes, elles peuvent avoir un effet sur notre énergie, mais aussi notre esprit. L'olfactothérapie tire parti de cette force des huiles essentielles, pour apporter à ceux qui s'y adonnent un mieux-être au quotidien.
Quelques exemples d'huiles :

Lavande, L'huile essentielle de bois de rose, L'huile essentielle de yuzu, Camomille

Ce qu'on a dit du sens de l'odorat est valable pour tous les autres sens.

Le toucher (travailler à ce que tout ce qui se rapporte à nous en termes de contact direct, débouche sur une douceur que l'autre sera forcé de reconnaitre).

Illustration pratique : Souvent vous êtes tellement stressés que ça vous donne mal à la tête, vous ressentez le besoin de vous relaxer pour commencer la nuit sur de bonnes notes ? Tous ces maux ont un point commun : ils peuvent être soulagés par un bain de pieds !

C'est d'ailleurs dans nos pieds, sous la voûte plantaire, que se trouve la concentration de terminaisons nerveuses la plus élevée de notre organisme. Ce qui se passe au niveau de nos pieds peut donc avoir une influence dans notre corps et notre esprit. Et la meilleure manière de prendre soin de nos pieds est les bains de pieds.

L'ouïe (faire en sorte que l'autre écoute des paroles, des mélodies, des chansons ou des nouvelles toujours agréables surtout les soirs après le boulot) la manière de parler à l'autre mais surtout de l'écouter. Il faut utiliser l'écoute active car elle nous permet non seulement de rassurer la personne qui parle mais aussi de mieux lui parler. Comme le dit un célèbre auteur « discutez en silence »

La vue (faire en sorte qu'à chaque fois que l'autre nous voit, il se dise wow !!! Quelle personne élégante, charismatique, battante ou exceptionnelle de par notre habillement, notre caractère, notre prestance et nos gestes). Il faille qu'à chaque fois que l'autre rentre dans la maison, elle trouve tout propre et là où il faut. Même si ce n'est pas évident c'est l'Idéal et c'est possible.

Illustration pratique : D'après Lubomir Lamy, nos pupilles se dilatent quand nous éprouvons de l'attirance pour quelqu'un. Et inversement, un visage aux pupilles dilatées nous semble plus attirant. Eckhard Hess, ancien directeur du département de Psychologie de l'Université de Chicago et pionnier de la pupillométrie, a pu constater qu'entre deux photographies d'une même femme, les hommes préfèrent celle sur laquelle ses pupilles sont dilatées, signe de désir.

Lorsqu'une personne est excitée, sa pupille peut atteindre une taille 4 fois supérieure à sa taille normale. Difficile, certes, de fixer une inconnue pour vérifier l'état de ses pupilles, mais si la discussion se lance, scrutez.

Le goût enfin (faire en sorte que tout ce qu'on offre à manger à l'autre soit délicieux, que chaque baiser qu'il nous fait lui paraisse unique et que toute boisson qu'on lui fait boire le ou la laisse ivre de plaisir.)

Illustration pratique : utilisez aussi des tisanes pour vous détendre et faciliter le sommeil :
Camomille : Relaxante et déclencheur de sommeil
Tilleul : Favorise l'endormissement

L'eschscholzia : Une action antalgique
Verveine : Réduit le stress et l'anxiété
Fleur d'oranger : Tranquillisante et antidépresseur
Lavande : Stress et énervement
Mélisse : apaisante et relaxante
Valériane : sédative et relaxante
Passiflore : réduit la nervosité et l'angoisse
Houblon : sédative et relaxante

La voix si vous avez déjà réussi à aborder (ou à vous faire aborder) par la personne qui vous intéresse, vous savez que la voix peut être un très bon indicateur pour savoir si votre interlocuteur est entré dans une phase de séduction. En effet, Luigi Anolli, psychologue italien, a démontré dans une étude réalisée auprès d'étudiants italiens que les séducteurs ayant du succès arrivent à mieux varier les caractéristiques de leur voix (ton, intensité et rythme).

Ce qu'il faut comprendre à travers tout cela, c'est que pour que le mystère glorieux s'accomplisse pleinement et dans toute sa splendeur, les deux partenaires du couple doivent se réinventer sans cesse. Chacun doit trouver en l'autre, chaque jour, la personne unique dont il/elle est tombé (e) amoureux (se) et se dire : je n'aurai pas pu trouver mieux.
Et y arriver n'est pas du tout compliqué, je me ferais le plaisir de vous faire quelques propositions

pratiques pour vous permettre de mieux comprendre et de réussir là où beaucoup ont échoué.

Le lundi, je vous propose un réveil en douceur avec quelques exercices d'étirements (**avec des vidéos d'exercices simples sur internet ou encore à la télévision**), individuellement ou encore en couple pour ajouter du punch.
Vous pourrez après prendre votre douche et faire le nécessaire pour vous rendre à votre service ou je vous recommande un début différent, chaque jour dans la mesure du possible. À la descente vous pourrez rentrer directement sans trainer afin de retrouver votre magnifique famille.

Le mardi, réveil en musique avec des titres que vous aimez bien, cela vous permettra d'être dans une bonne « vibe » toute la journée. Ce jour-là, prenez votre petit-déj à la maison et rendez-vous à votre service. Le soir à la descente vous pourrez prendre un verre avec des amis ou des collègues et rejoindre votre famille après à la maison.

Le mercredi, faites un réveil en cuisine seul ou accompagné, pas pour faire un grand repas. Mais juste pour faire une salade de fruits que vous pouvez manger avant de vous rendre au service ou au service directement. Ce soir-là, faites un tour en salle de sport ou faites la marche dans un espace vert. Et passer le reste de votre temps avec les enfants ou votre partenaire.

Le jeudi, réveil normal, douche ensuite bureau. Ce jour-là passez dans tous les bureaux saluer vos collègues ou l'inverse. L'objectif ce jour sera de ne pas rejoindre votre bureau comme les autres jours. Le soir vous pouvez diner avec votre partenaire ou rendre visite à votre famille ou celle de votre partenaire.

Le vendredi, privilégiez un réveil plus tôt que d'habitude pour une activité spirituelle (prière, méditation, adoration, culte, messe, yoga etc…). Cette journée sera à thème un jour qui pourrait être joie, amour, paix, partage, pardon, silence … ou pourquoi pas la soirée cinéma ou théâtre mais une activité artistique seul ou accompagné.

Le samedi, si c'est un jour de service ou pas, faites une petite activité sportive accompagnée des enfants ou et votre partenaire. Dans la soirée un repas familial question de passer du temps avec toute la famille, sinon avec votre partenaire seulement. Ce soir-là vous pouvez faire plusieurs activités selon vos moyens.

Le dimanche, privilégiez pour le matin, le repos, l'église, le sport et les repas familiaux. Utilisez votre

après-midi pour passer du temps avec vos amis et/ou la grande famille dont vos parents. La soirée du dimanche avec votre partenaire ou seul pour la planification de la semaine avec les objectifs.
Toutes ces activités sont faisables surtout avec la volonté de vous réinventer et être une personne active.

Ce sont des propositions pour vous aider avec des idées concrètes que vous pouvez adapter à votre situation, vos moyens et votre travail. Le plus important ici est de vous aider à vous réinventer au quotidien de façon individuelle car c'est seulement à ce prix que vous pourrez chasser la monotonie du couple.
En effet, plus vous vous réinventez individuellement, mieux c'est pour votre couple.

Conclusion

Un auteur célèbre a dit qu'en amour, il faut toujours un perdant. Nous, nous disons qu'en amour, il faut toujours deux gagnants ! Parce que notre approche de l'amour va au-delà des partenaires du couple, elle va même au-delà des différents mystères par lesquels ils sont appelés à passer et à en recevoir les mérites. On a envisagé l'amour en tant qu'ensemble, et cet ensemble peut être dompté par deux intelligences qui comprennent tous les paramètres décrits dans ce livre et qui sont prêts à mettre en œuvre toutes les recommandations y afférentes.

C'est vrai qu'il peut y avoir des perdants en amour, mais ces perdants sont limités à un mystère ou à un autre, ils ne sont pas allés jusqu'au bout de tous les 3 mystères avec un seul être. Parce que, si c'est le cas, il n'y a aucune raison que l'union ne soit pas récompensée par la pérennité et la stabilité. Ce qu'il y a, c'est que généralement, beaucoup veulent savourer toutes les voluptés de l'amour dès le stade du premier mystère ; ce qui est impossible. Cela les conduit à s'engager dans de nouvelles relations qui vont aboutir aux mêmes résultats.

Pourtant, pour quiconque est patient, endurant et accepte de passer l'épreuve des trois mystères avec un seul être que son cœur aura choisi, à moins que ce ne soit la mauvaise personne, il n'y a pas de raison que cela ne soit pas une victoire pour les deux.

Et même si, par la suite les circonstances de la vie force l'arrêt de la relation, une chose est sûre, on sort toujours grandi. Et dans les autres domaines de la vie, cela va toujours nous servir.

www.ingramcontent.com/pod-product-compliance
Lightning Source LLC
Chambersburg PA
CBHW031429160726
47993CB00003B/1474